FAMILIAS DE ANIMALES SALVAJES

Elisa la
elefanta

por Jan Latta

Consultora de lectura: Susan Nations, M.Ed.,
autora/tutora de alfabetización/consultora de desarrollo de la lectura

Consultora de ciencias y contenido curricular: Debra Voege, M.A.,
maestra de recursos curriculares de ciencias y matemáticas

GARETH**STEVENS**
PUBLISHING
A Member of the WRC Media Family of Companies

¡Hola! Me llamo Elisa y soy una elefanta. Vivo en África con mi familia. Los elefantes somos los mayores **mamíferos** terrestres. Nuestros **antepasados** vivieron en la Tierra hace unos cincuenta millones de años.

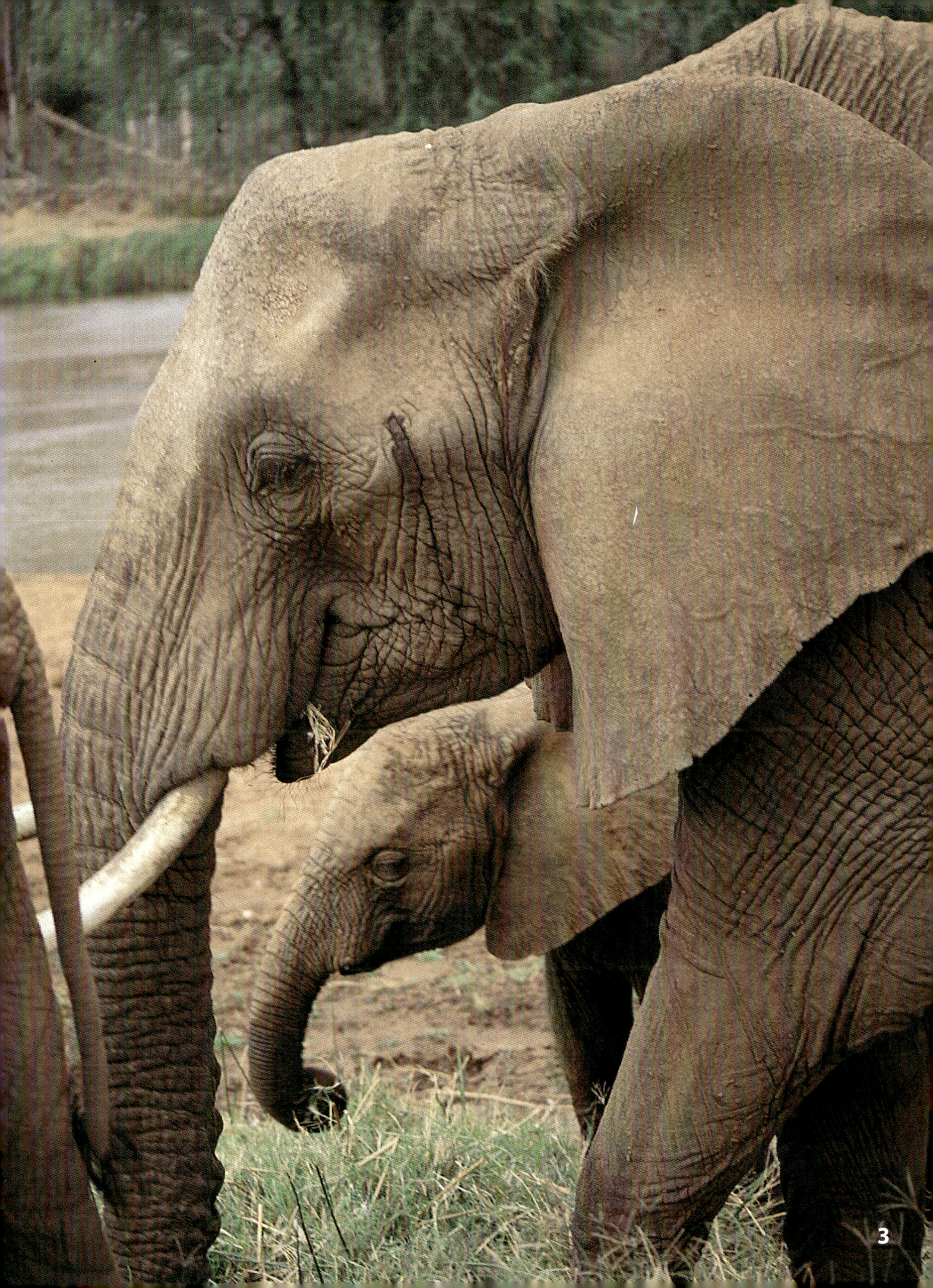

Hasta la parte superior del lomo, mi padre mide 11 pies (3.5 metros) de altura. Pesa 11,910 libras (5,400 kilogramos). Mi madre pesa 7,060 libras (3,200 kg). Mi hermano es tan pequeño que cabe debajo de la barriga de nuestra madre.

Nuestros **colmillos** son de **marfil**. ¡Pueden llegar a medir hasta 10 pies (3 m) de largo!

Al nacer, las crías de elefante pesamos unas 220 libras (100 kg). Durante dos años bebemos la leche de nuestra madre. Cuando tenemos tres meses, empezamos a comer hierba. Nuestra madre nos enseña los mejores lugares donde encontrar comida.

En terreno descubierto encontramos mucha hierba. Algunas veces, el sol calienta demasiado. Entonces me meto debajo de mi madre para refrescarme.

Nuestra familia es parte de una **manada** de elefantes. La madre de más edad es la **matriarca**. Ella guía al grupo todos los días en busca de alimento y agua.

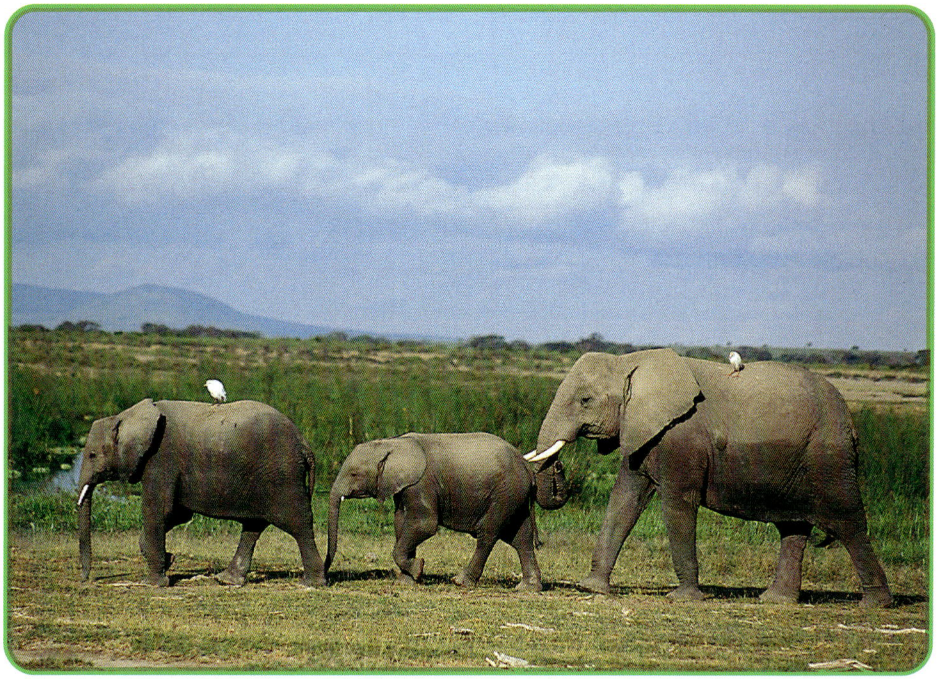

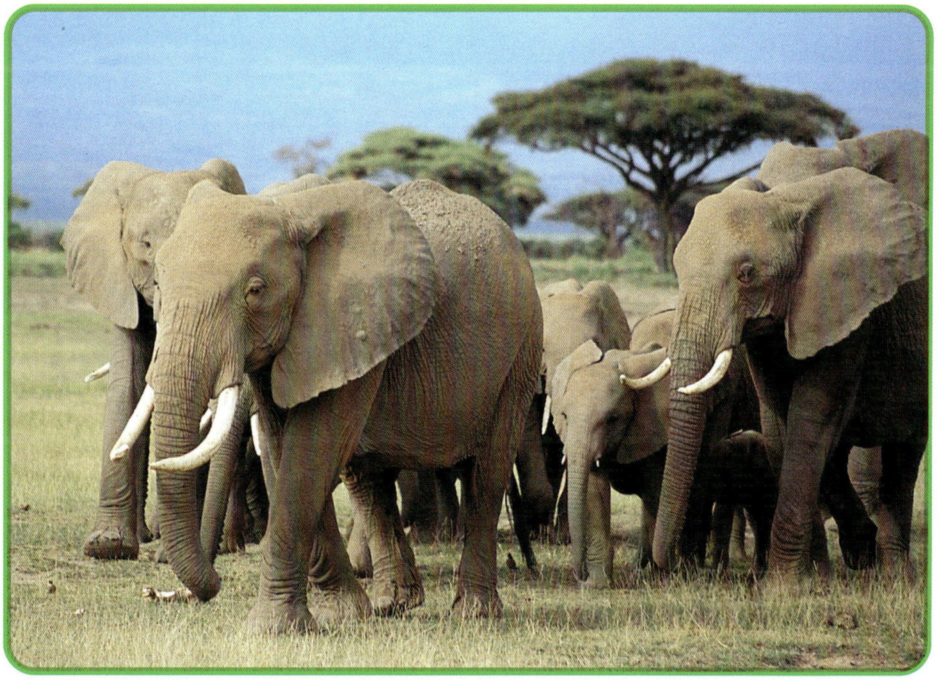

Vamos al río a beber. Para sacar agua, uso la trompa. Absorbo el agua llenando mi trompa hasta la mitad, como un popote. Después, meto la trompa en la boca y me echo un chorrito de agua por la garganta. ¡Mi padre puede beber hasta 224 cuartos (212 litros) de agua en sólo cinco minutos!

A veces es difícil entrar al agua. ¡No viene mal un amistoso empujón!

Me encanta jugar y chapotear en el agua. Puedo nadar bajo el agua usando la trompa como un **tubo de buceo**. Después, mi hermano y yo nos divertimos revolcándonos en el barro.

Para protegernos la piel de las moscas y de otros insectos que pican, nos echamos tierra por encima. Después, nos rascamos contra una roca.

Los elefantes somos **herbívoros**. Comemos unas 287 libras (130 kg) de plantas cada día. Uso los colmillos para arrancar la sabrosa corteza de los árboles. Con las patas, aflojo hierba y raíces. La trompa me permite alcanzar fruta y hojas.

15

Camino sobre los dedos. Tengo cinco uñas en cada pata delantera y tres en cada pata trasera.

Tengo la parte de abajo de los pies acolchada. Aunque soy muy grande, puedo caminar sin hacer ruido. Sigo a mi familia, y todos avanzamos en fila india.

Unas pestañas muy largas me protegen los ojos.

Mi oído es muy bueno. Para refrescarme, puedo agitar las orejas.

Mi trompa es muy fuerte y **flexible**. Tiene más de 150,000 músculos. Puedo usarla como brazo, nariz o mano. Es capaz de recoger una baya muy pequeña, pero es tan fuerte que puede romper ramas de árboles. Antes de comer algo, lo pruebo con la lengua.

Los elefantes usamos la trompa para saludarnos. Podemos hacer mucho ruido **barritando**, chillando y bramando. A veces, hacemos unos sonidos muy graves que los humanos no pueden oír. Otros elefantes pueden oírnos a una distancia de hasta 5 millas (8 kilómetros).

La trompa nos puede crecer hasta alcanzar 10 pies (3m).
Una trompa puede pesar hasta 441 libras (200 kg).

Cuando la trompa nos pesa, la apoyamos en los colmillos.

¿Puedes ver la diferencia entre el elefante africano de arriba y el elefante asiático de abajo?

Soy un elefante africano como mi papá. Nuestras orejas son más grandes que las de un elefante asiático. Cuando crezca, seré más grande que mis parientes asiáticos. Los elefantes asiáticos son parte de mi familia de animales salvajes.

Datos sobre el elefante

¿Lo sabías?

- Los elefantes viven en muchas clases de lugares. Viven en áreas cubiertas de hierba o en bosques. También viven en montañas y desiertos.

- Los elefantes no comen carne. Sólo se alimentan de plantas.

- A un elefante le crecen, en toda su vida, seis dentaduras. Sólo le crece un par de colmillos.

- Los elefantes son muy inteligentes. Su cerebro es grande y tienen buena memoria.

- El elefante está emparentado con la vaca marina. Manatíes y dugongos son dos tipos de vaca marina. Las vacas marinas viven en el agua y se alimentan de hierbas marinas.

- El extremo de la trompa de un elefante tiene una capacidad táctil muy buena.

- ¡Algunos elefantes llegan a los setenta años de edad!

- Los elefantes duermen dos veces al día durante unos cuarenta minutos. Al mediodía, duermen parados en una zona de sombra. También duermen a medianoche. ¡Algunas veces roncan!

- La hembra preñada pare después de entre dieciocho y veintidós meses.

- Los miembros de una familia de elefantes se mantienen cerca. Les gusta tocarse con la trompa, y también se rozan unos con otros con el cuerpo y la cabeza. Los miembros de la familia cuidan de las crías.

- Los seres humanos han utilizado elefantes para el trabajo desde hace más de tres mil años. Los antiguos griegos los utilizaban en su ejército.

- Los elefantes blancos son sagrados en la India. La gente les dedica grandes atenciones y no permite que los elefantes blancos trabajen.

- Los colmillos de los elefantes son de marfil. A veces, la gente ha matado elefantes para hacerse con los colmillos. El marfil se emplea para hacer estatuas y otras piezas artísticas. Matar elefantes es ilegal.

Mapa — Dónde viven los elefantes

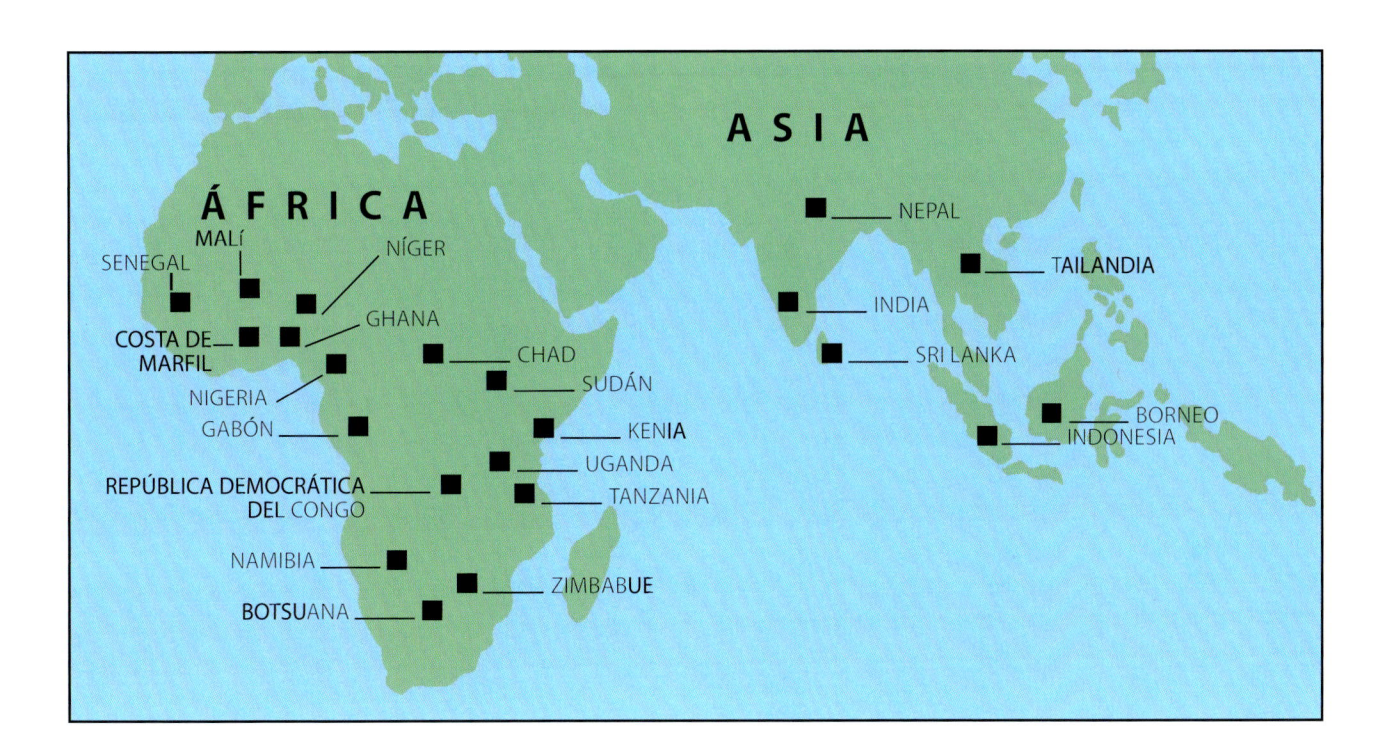

ÁFRICA: SENEGAL, MALÍ, NÍGER, GHANA, COSTA DE MARFIL, NIGERIA, CHAD, SUDÁN, GABÓN, KENIA, UGANDA, REPÚBLICA DEMOCRÁTICA DEL CONGO, TANZANIA, NAMIBIA, ZIMBABUE, BOTSUANA

ASIA: NEPAL, TAILANDIA, INDIA, SRI LANKA, BORNEO, INDONESIA

Glosario

antepasados — familiares que vivieron antes que los padres

barritar — soplar para emitir un sonido agudo que recuerda al de una trompeta

colmillos — dientes largos y blancos que parecen cuernos

flexible — que se dobla con facilidad

herbívoros — animales que sólo comen plantas

mamíferos — animales cubiertos de pelo y que paren crías a las que alimentan con leche

manada — grupo grande de animales de la misma especie

marfil — material duro de color blanco

matriarca — la madre de mayor edad de una familia que, con frecuencia, es la cabeza de familia

tubo de buceo — tubo largo utilizado para respirar bajo el agua

For More Information/Más información

Libros

El elefante. Animales del zoológico (series). Patricia Whitehouse (Heinemann)

El elefante. Derek Hall (Anaya)

El elefante. ¡Qué historia! (series). Christine Lazier (La Galera)

El elefante. Descubrimos (series). Susanna Aranega and Joan Portell (La Galera)

Please visit our Web site at: www.garethstevens.com
For a free color catalog describing Gareth Stevens Publishing's list of high-quality books and multimedia programs, call 1-800-542-2595 (USA) or 1-800-387-3178 (Canada). Gareth Stevens Publishing's fax: (414) 332-3567.

Library of Congress Cataloging-in-Publication Data

Latta, Jan.
  [Ella the elephant. Spanish]
  Elisa la elefanta / Jan Latta. — North American ed.
    p. cm. — (Familias de animales salvajes)
  Includes bibliographical references.
  ISBN-13: 978-0-8368-7966-7 (lib. bdg.)
  ISBN-13: 978-0-8368-7973-5 (softcover)
  1. Elephants—Juvenile literature. I. Title.
  QL737.P98L2718 2007
  599.67—dc22   2006033843

This North American edition first published in 2007 by
Gareth Stevens Publishing
A Member of the WRC Media Family of Companies
330 West Olive Street, Suite 100
Milwaukee, WI 53212 USA

This U.S. edition copyright © 2007 by Gareth Stevens, Inc.
Original edition and photographs copyright © 2005 by Jan Latta.
First produced as *Adventures with Elle the Elephant* by
TRUE TO LIFE BOOKS, 12b Gibson Street, Bronte, NSW 2024 Australia

Acknowledgements: The author thanks Karl Ammann who generously allowed reproduction of his photographs on pages 12, 13 (bottom), and 18 (bottom). And thanks to Letaloi, the guide from Tortilis Camp in Amboseli, who gave her access to the elephants.

Project editor: Jan Latta
Design: Jan Latta

Gareth Stevens editorial direction: Valerie J. Weber
Gareth Stevens editor: Tea Benduhn
Gareth Stevens art direction: Tammy West
Gareth Stevens Graphic designer: Scott Krall
Gareth Stevens production: Jessica Yanke and Robert Kraus
Spanish translation: Tatiana Acosta and Guillermo Gutiérrez

All rights reserved. No part of this book may be reproduced, stored in a retrieval system, or transmitted in any form or by any means, electronic, mechanical, photocopying, recording, or otherwise, without the prior written permission of the copyright holder.

Printed in Canada

1 2 3 4 5 6 7 8 9 10 10 09 08 07 06